동시로 생각하고
수필로 이해하고
문제로 논술하는
# 로로로 초등 국어

2022
개정 교육과정
**개정판**

동시로 생각하고
수필로 이해하고
문제로 논술하는

# 로로

## 초등 국어

### 1학년

글 윤병무 | 그림 이철형

국수

## 단원 개요

국어 교과서의 단원별 열쇠 말을 의문형 문장으로 짧게 써 놓았어요. 독자의 궁금증을 이끌어 내기 위함이에요. 자발적 배움은 궁금함에서 시작되니까요.

## 국어 동시

동시로 국어를 배워요. 이야기가 있는 국어 동시를 읽으면 단원의 핵심 개념을 느끼고 생각하면서 자연스레 배울 수 있어요. 이야기의 힘이에요. 동시와 어울린 그림 또한 마음에 스미게 해 주어요.

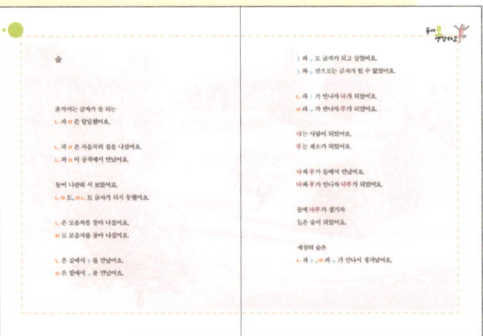

# 이 책의 구성

## 국어 수필

단원별 국어 지식을 수필로 풀었어요. 딱딱한 논설문이 아니라 조곤조곤 이야기로 설명하는 수필이에요. 물론, 독자는 읽어 내야 이해할 수 있어요. 이 수필은 지식이 쌓이고 마음이 살지는 글이에요.

## 논술 문제

정답을 요구하는 문제가 아니에요. 독자의 자유로운 생각을 이끌어 내는 서술형 문제예요. 어린이 독자의 생각을 분명하게 써 보는 게 중요해요. 생각은 글로 나타낼 때 깊어지고 넓어져요.

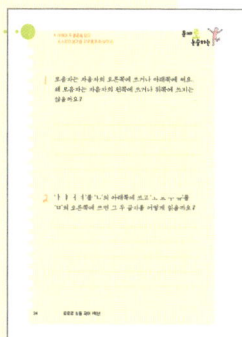

[개정판] 머리말 국어라는 들꽃밭 • 12

① **자음자와 모음자로 글자 쓰기 • 17**
글자를 만들어요

② **받침이 있는 글자를 쓰고 읽기 • 25**
받침이 있는 글자를 읽어요

③ **쌍 자음자를 바르게 쓰기 • 33**
낱말과 친해져요

④ **같은 종류의 낱말과 연결되는 말들 • 41**
여러 가지 낱말을 익혀요

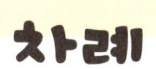

차례

⑤ **마음을 주고받는 인사 · 49**
반갑게 인사해요

⑥ **문장 부호 네 남매 · 57**
또박또박 읽어요

⑦ **쌍받침 글자와 문장의 짜임 · 65**
알맞은 낱말을 찾아요

⑧ **소리와 모양을 흉내 내는 말 · 73**
기분을 말해요

⑨ **낱말을 바르게 읽고 쓰기** • 81
낱말을 정확하게 읽어요

⑩ **그림일기를 쓰고 그리기** • 89
그림일기를 써요

⑪ **글을 읽을 때 눈여겨보아야 할 것들** • 97
감동을 나누어요

⑫ **그림을 보고 생겨난 생각을 표현하기** • 105
생각을 키워요

⑬ **글을 바르게 띄어 읽기** • **113**
　　문장을 읽고 써요

⑭ **겪은 일을 일기로 쓰기** • **121**
　　무엇이 중요할까요

⑮ **상상하며 이야기 읽기** • **129**
　　느끼고 표현해요

찾아보기 • 137

[개정판] * 머리말
## 국어라는 들꽃밭

　과학의 숲을 지나, 수학의 산을 넘어, 국어의 들판을 지납니다. 돌이켜 보면, 그랬습니다. 비유하자면, '로로로 초등 과학'을 쓸 때는 나무와 새가 어울려 사는 숲을 지나는 것 같았습니다. 자연이 숨 쉬는 숲길에서 제 마음도 호기심 많은 어린이와 같았습니다. '로로로 초등 수학'을 쓸 때는 가파른 산을 오르는 것 같았습니다. 암벽을 만나 수직으로 올라야 할 때는 헛디디지 않으려고 애썼습니다. 수학 공부가 그렇듯이, 힘든

---

*이 책은 2024년 1학기부터 적용된 '2022 개정 교육 과정'의 초등 국어 교과서를 그대로 반영한 개정판입니다. 그러므로, 이 책의 차례는 초등 1학년 국어 교과서의 단원별 차례와 같습니다. '로로로 초등 시리즈'는 교육부의 개정 교육 커리큘럼에 발맞추어 개정판을 내놓습니다.

만큼 성취감도 느꼈습니다. '로로로 초등 국어'의 길은 들꽃이 만발한 들판이었습니다. 말과 글로 피어나는 국어는 갈 길 앞에서 발길을 붙잡는 들꽃밭이었습니다.

국어는 언어입니다. 인류는 언어를 사용하면서 비로소 '사람'이 되었습니다. 인류는 민족마다 수천, 수만 개의 낱말로 꽤 자세한 생각과 섬세한 감정을 서로 주고받습니다. 그것이 말과 글로 표현된 언어이고, 우리말은 국어입니다. 가까이 있는 사람끼리는 말소리로 의사소통합니다. 멀리 있는 사람끼리는 글로써 표현합니다. 또 이미 오래전에 사셨던 분들이 남긴 글은 수백 년이 지난 오늘날에도 읽힙니다. 이렇게 언어는 사람만이 만들어 사용하는 훌륭한 문화입니다. 그러니 우리 국어를 올바르게 배우고 익혀서, 잘 듣고, 잘 말하고, 잘 읽고, 잘 써야겠습니다.

동시와 수필은 둘 다 문학이지만, 그 둘은 사뭇 다릅니다. 동시는 종이비행기와 같고, 수필은 연(鳶)과 같습니다. 동시는 어디로 날아갈지 알지 못합니다. 손을 떠난 종이비행기가 어떻게 활공하여 얼마큼 날아갈지는 비행기를 날린 사람도 모릅니다. 그것이 동시(시)의 매력입니다. 그래서 동시는 쓰는 사람도, 읽는 사람도 자유롭습니다. 반면에, 수필(산문)은 연처럼 얼레와 연줄에 매여 있습니다. 그래서 수필(산문)은 연을 날리고 싶은 방향과 높이를 가늠하여 조종할 수 있습니다. 그 둘의 장점을 살려서 이 국어 시리즈도 교과 단원의 핵심 개념을 주목하여 썼습니다. 정답을 요구하지 않는 서술형 문제는 독자의 미래를 위한 덤입니다. 그 문제들이, 가만히 생각하는 어린이 독자에게 봄이면 피어날 '겨울눈'*이 되기를 바랍니다.

국어 시리즈도 이철형 화가와 함께 작업했습니다. 화가의 마음을 닮은 그림들은 어색한 꾸밈도, 지나친 과장도 없어서 참 자연스럽습니다. 더불어, 국어 시리즈의 그림들은 완성된 그림과 완성되지 않은 그림들이 함께 수록되어 있습니다. 절반이 넘는 그림을 일부러 완성하지 않은 채 실었습니다. 색칠하지 않은 부분은 독자의 몫으로 남겼습니다. '로로로' 시리즈는 융합 교육을 지향합니다. 국어 시리즈는 문학뿐만 아니라, '미술'과도 연결했습니다. 그러니, 미완성 그림에는 독자가 자유롭게 색칠해 보기 바랍니다. 생각과 느낌은 마음을 따르는 손이 더욱 잘 표현할 수 있습니다.

앞서 나온 '로로로' 시리즈에 대한 서평을 인터넷 서점에서 읽었습니다. 그 요지는 이랬습니다. '내가 자라던 시절에도 이런 책이 있었더라면……. 재미없는 수학을 삼촌이 조곤조곤 쉽게 이야기해 주는 느낌.' 제 얼굴은 빙그레 웃었고, 마음은 흐뭇했습니다. 그 독자분의 마음과 같은 마음에서 '로로로' 시리즈가 시작되었기 때문입니다. 공감에 감사드립니다.

2024년 12월에 개정판을 펴내며
저자 윤병무

*겨울눈: 가을에 나뭇가지에 생겨서 겨울을 넘기고 봄에 자라는 싹.

# 1
# 자음자와 모음자로 글자 쓰기

한글 글자를 어떻게 쓸까요? 글자를 쓸 때,
자음자와 모음자 중에서 무엇을 먼저 써야 할까요?
모음자는 자음자의 어느 쪽에
붙여 써야 할까요?
한글의 자음자와 모음자의
올바른 위치를 알아보아요.

글자를 만들어요

숲

혼자서는 글자가 못 되는
ㄴ과 ㅁ은 답답했어요.

ㄴ과 ㅁ은 자음자의 집을 나섰어요.
ㄴ과 ㅁ이 공책에서 만났어요.

둘이 나란히 서 보았어요.
ㄴㅁ도, ㅁㄴ도 글자가 되지 못했어요.

ㄴ은 모음자를 찾아 나섰어요.
ㅁ도 모음자를 찾아 나섰어요.

ㄴ은 길에서 ㅏ를 만났어요.
ㅁ은 밭에서 ㅜ를 만났어요.

ㅏ와 ㅜ도 글자가 되고 싶었어요.
ㅏ와 ㅜ만으로는 글자가 될 수 없었어요.

ㄴ과 ㅏ가 만나자 나가 되었어요.
ㅁ과 ㅜ가 만나자 무가 되었어요.

나는 사람이 되었어요.
무는 채소가 되었어요.

나와 무가 들에서 만났어요.
나와 무가 만나자 나무가 되었어요.

들에 나무가 생기자
들은 숲이 되었어요.

세상의 숲은
ㄴ과 ㅏ, ㅁ과 ㅜ가 만나서 생겨났어요.

　해마다 한가위가 돌아오면 가족이 둘러앉아 송편을 만들어 먹거나, 상점에서 사 먹어요. 송편을 만들어 보았나요? 송편을 만들려면, 우선 쌀을 물에 불려서 쌀가루를 만들어요. 쌀가루에 물과 소금을 조금 넣어서 쌀 반죽을 만들어요. 그러고는 호두만큼씩 떼어 낸 반죽 속에 콩고물이나 참깨를 넣고는 반달 모양의 송편을 빚어요. 이렇게 만든 송편은 떡이에요. 그런데, 송편이 되기 전의 쌀가루, 콩고물, 참깨, 소금은 각각의 '재료'일 따름이지 '떡'이 아니에요.

　마찬가지로, 자음자와 모음자는 글자가 아니에요. 자음자와 모음자를 송편 만들기에 빗대어 말하면, 자음자와 모음자는 글자의 재료이에요. 송편을 만들려면 쌀가루와 콩고물을 적절하게 섞듯이, 글자를 만들려면 자음자와 모음자를 하나씩 번갈아 써야 해요. 그리고 쌀가루만 가지고는 송편을 만들 수 없고, 콩고물만 가지고도 송편을 만들 수 없듯이, 자음자끼리만으로는 글자가 되지 못하고, 모음자끼리만으로도 글자가 되지 못해요. 앞의 동시에서처럼, ㄴㅁ과 ㅁㄴ만으로는 글자가 되지 못해요. 또, ㅏㅜ와 ㅜㅏ만으로도 글자가 되지 못해요. 그래서 글자가 되려면 반드시 자음자와 모음자를 하나씩 번갈아 써야 어떤 뜻을 나타내는 글자가 될 수 있어요.

그런데, 자음자와 모음자를 아무렇게나 번갈아 쓴다고 글자가 되는 것은 아니에요. 한글의 자음자와 모음자가 어울려 글자가 되려면, 반드시 자음자를 먼저 써야 해요. 그렇지 않고 모음자를 먼저 쓰면 글자가 되지 못해요. 예를 들면, 나무는 ㄴ 옆에 ㅏ를 붙여 쓴 다음, ㅁ 아래에 ㅜ를 붙여 써서 글자가 되었어요. 그런데 이 글자를

모음자부터 쓰면 어떻게 될까요? 그러면, 나무는 ㅏㄴ ㅁㅜ 가 되어 버려서, 글자가 되지 못해요.

그럼, 모음자는 자음자의 어느 쪽에 붙여 써야 글자가 될까요? 기본 모음자 중에서 ㅏ ㅑ ㅓ ㅕ ㅣ 는 자음자의 오른쪽에 써야 해요. 반면에, ㅗ ㅛ ㅜ ㅠ ㅡ 는 자음자의 아래쪽에 써야 해요. 그것은 약속이에요. 약속은 약속하는 사람끼리 주고받는 마음의 다짐이에요. 그래서 약속은 친구와도 하고, 가족끼리도 하고, 선생님과도 해요. 마찬가지로, '글자 쓰기'의 약속은 한글을 사용하는 모든 사람끼리 맺은 약속이에요. 그러니 그 약속도 꼭 지켜야 하겠지요?

• 아래의 두 물음을 읽고
  스스로의 생각을 자유롭게 써 보아요.

1. 모음자는 자음자의 오른쪽에 쓰거나 아래쪽에 써요. 왜 모음자는 자음자의 왼쪽에 쓰거나 위쪽에 쓰지는 않을까요?

2. 'ㅏ ㅑ ㅓ ㅕ'를 'ㄴ'의 아래쪽에 쓰고 'ㅗ ㅛ ㅜ ㅠ'를 'ㅁ'의 오른쪽에 쓰면 그 두 글자를 어떻게 읽을까요?

# 2
# 받침이 있는 글자를 쓰고 읽기

받침이 있는 글자가 많아요.
받침은 왜 만들었을까요?
받침을 잘못 쓰면 어떤 문제가 생길까요?
받침이 있는 글자에는
어떤 규칙이 있을까요?
받침이 있는 글자를 알아보아요.

받침이 있는
글자를 읽어요

### 고마운 바치, 고마운 받침

가으 수에서 다라쥐가 도토리르 모아요.
가을 숲에서 다람쥐가 도토리를 모아요.

겨우 사에서 바다고이 겨우자으 자요.
겨울 산에서 반달곰이 겨울잠을 자요.

보이 오며 지다래가 부호 오으 이어요.
봄이 오면 진달래가 분홍 옷을 입어요.

여르 해수요자에느 무고기보다 사라이 마아요.
여름 해수욕장에는 물고기보다 사람이 많아요.

가으 드파에느 화그비 고시이 추추어요.
가을 들판에는 황금빛 곡식이 춤추어요.

아르다우 사계저 보 여르 가으 겨우조차도
아름다운 사계절 봄 여름 가을 겨울조차도

그자에 바치이 어으며 무스 뜨이지 모라요.
글자에 받침이 없으면 무슨 뜻인지 몰라요.

바치으 그자르 아주 마이 마드어 주어요.
받침은 글자를 아주 많이 만들어 주어요.

다해히 바치이 이어서 하그으 하가위 가아요.
다행히 받침이 있어서 한글은 한가위 같아요.

　영어는 받침이 없어요. 한글은 받침이 있는 글자가 많아요. 영어 'student'에는 받침이 없고, 한글 '학생'에는 받침이 있어요. 만약에 받침이 있는 한글도 알파벳처럼 나열해서 쓴다면 어떻게 써야 할까요? '학생'을 'ㅎㅏㄱㅅㅐㅇ'이라고 써야 할 거예요. 그러면, 글자가 길어져서 공책이 더 많이 필요할 테고, 글자가 한눈에 안 들어와서 읽기도 불편할 거예요. 다행히 한글은 '받침'이 있어요. 그리고 '떡볶이'의 '볶'자처럼 받침이 복잡한 모양이어도 글자 크기를 조절하여 네모 칸 안에 쓸 수 있어요. 그래서 글자를 배우고 익히는 저학년 초등학생 공책에는 네모 칸이 그려져 있어요.

받침이 없는 '바다'보다, 받침이 있는 '바닷물'이 글자 모양이 더 복잡해요. 그래서 받침이 있는 글자는 받침이 없는 글자보다 쓰기도 어렵고 읽기도 어려워요. 그런데도 왜 받침을 만들었을까요? 말을 하거나 글을 쓰려면 낱말이 많이 필요했기 때문이에요. 받침이 없는 글자만으로는 글자를 많이 만들 수 없어요. 그래서 받침이 있는 글자를 만든 거예요. 받침을 붙이면 아주 많은 글자를 만들 수 있어요. '각, 간, 갇, 갈, 감, 갑, 갓, 강, 갖, 갗, 같, 갚'과 같이 받침이 없는 '가'에 여러 자음자를 받침으로 붙이면 낱말을 많이 만들 수 있어요. 그래서 한글은 받침이 없는 글자보다 받침이 있는 글자가 훨씬 많아요.

그런데, 받침을 쓸 때는 낱말 뜻에 맞는 받침을 써야 해요. 예를 들면, "낫으로 잡초를 베어요."라고 써야 할 글을 "낮으로 잡초를 베어요."라고 쓴다면 엉뚱한 글이 되어 버려요. '낫'과 '낮'은 말소리는 같아도 말뜻은 전혀 다르기 때문이에요. '낫'은 곡식이나 풀을 베는 농기구이

고, '낮'은 해가 떠서 질 때까지의 시간을 뜻하는 말이거든요. 이처럼, 받침을 쓸 때는 말뜻에 맞는 글자를 정확하게 써야 해요.

그리고 받침이 있는 글자에는 규칙이 있어요. '규칙'의 말뜻은 '여러 사람이 다 함께 지키기 위하여 정한 약속'이에요. 받침이 있는 글자에는 어떤 규칙이 있을까요? 확인해 볼까요? 연필, 필통, 공책, 책가방, 교실, 학교, 친구……. 어때요? 규칙을 찾았나요? 받침이 있는 글자들을 가만히 살펴보세요. 연, 필, 통, 공, 책, 방, 실, 학, 친. 이처럼 받침이 있는 글자들은 '자음자+모음자+자음자'로 이루어져 있어요. 그렇지 않은 글자는 하나도 없어요. 규칙은 신호등에만 있는 게 아니에요. 교통 신호를 지키지 않으면 교통사고가 나듯이, 글자를 쓸 때도 글자의 규칙을 지키지 않으면 글자 사고가 나요.

• 아래의 두 물음을 읽고
  스스로의 생각을 자유롭게 써 보아요.

1. 만약에 받침이 있는 글자의 규칙이
   '자음자+모음자+모음자'라면 어떤 문제가 생길까요?

2. 받침이 없는 글자인 '나무, 나비, 바다'에 각각 받침을
   붙여서 다른 낱말을 만들어 보세요.

# 3
# 쌍 자음자를 바르게 쓰기

한글 자음자에는 무엇무엇이 있을까요?
자음자는 무엇일까요?
쌍 자음자는 무엇일까요?
쌍 자음자에는 어떤 글자가 있을까요?
자음자에서 쌍 자음자를 구별하여
바르게 써 보아요.

낱말과 친해져요

## 수업 시간

선생님의 손가락이 칠판을 뒤어다녀.
아니야, 아니야.
선생님의 손가락이 칠판을 뛰어다녀.

선생님의 손가락이 발라졌어.
아니야, 아니야.
선생님의 손가락이 빨라졌어.

그래, 그래.

ㄱ, ㄷ, ㅂ, ㅈ을 쓰던 손가락이
ㄲ, ㄸ, ㅃ, ㅍ을 써야 해서
선생님의 손가락이 바빠졌어.

선생님의 목소리가 두둥실 더다녀.
아니야, 아니야.
선생님의 목소리가 두둥실 떠다녀.

선생님의 목소리가 거글거글해졌어.
아니야, 아니야.
선생님의 목소리가 꺼끌꺼끌해졌어.

그래, 그래.

ㄱ, ㄷ, ㅂ, ㅈ 소리를 내던 목소리가
ㄲ, ㄸ, ㅃ, ㅉ 소리를 내야 해서
선생님의 목소리가 꺼끌꺼끌해졌어.

한글 낱말들의 첫 글자는 **자음자**로 짜여 있어요. '한글'이라는 글자에서 ㅎ과 ㄱ도 그렇고, '글자'라는 글자에서 ㄱ과 ㅈ도 그래요. 하지만 어떤 글자는 첫 번째 자음자가 **쌍 자음자**로 짜여 있어요. 예를 들면, '꽃, 빵, 쌀, 딸' 등의 낱말들이 그래요. '꽃'의 첫 번째 자음자는 ㄲ(쌍기역)이며, '빵'의 첫 번째 자음자는 ㅃ(쌍비읍)이며, '쌀'의 첫 번째 자음자는 ㅆ(쌍시옷)이며, '딸'의 첫 번째 자음자는 ㄸ(쌍디귿)이에요. 그런가 하면, 두 자로 된 글자 중에서 두 번째 글자가 쌍 자음자로 짜여 있는 낱말도 있어요. 예를 들면, '아빠, 잉꼬, 팔찌, 사또' 등의 낱말들이 그래요. 이 낱말들에서 '빠, 꼬, 찌, 또'는 쌍 자음자 ㅃ, ㄲ, ㅉ, ㄸ으로 짜인 글자들이에요.

그런데 쌍 자음자로 짜인 낱말을 소리 내어 읽으면 다른 자음자로 짜인 낱말과는 다른 소리가 나요. 그 다른 소리들에는 어떤 공통점이 있어요. 그것은 ㅃ, ㄲ, ㅉ, ㄸ으로 짜인 글자들을 소리 내어 읽으면 'ㅂ, ㄱ, ㅈ, ㄷ'으로 짜인 글자들보다 더 강한 소리가 난다는 것이에요. 이를테면, '꽃'이 '곷'보다 더 강한 소리가 나요. 또 '빵'이 '방'보다 더 강한 소리가 나며, '쌀'이 '살'보다 더 강한 소리가 나며, '딸'이 '달'보다 더 강한 소리가 나요. 마찬가지로, '아빠'가 '아바'보다 더 강한 소리가 나요. 또 '잉꼬'가 '잉고'보다 더 강한 소리가 나며, '팔찌'가 '팔지'보다 더 강한 소리가 나며, '사또'가 '사도'보다 더 강한 소리가 나요.

그래서 몸짓이나 몸 상태를 흉내 내는 말 중에서 몸 상태를 강조하기 위해 쓰는 말에 쌍 자음자인 ㄲ, ㄸ, ㅃ, ㅉ으로 짜인 글자들이 있어요. 이를테면 '깡충깡충', '떼굴떼굴', '뽀글뽀글', '쫑알쫑알'이 그런 글자들이에요. 예를 들어 "캥거루가 깡충깡충 뛰어갔습니다."가 "캥거

루가 강중강중 뛰어갔습니다."보다 더 힘찬 움직임을 나타낸 말이에요. 또한 "축구공이 떼굴떼굴 굴러갔습니다."가 "축구공이 데굴데굴 굴러갔습니다."보다 더 빠른 움직임을 나타낸 말이에요. 그리고 "엄마의 머리카락이 뽀글뽀글해졌습니다."가 "엄마의 머리카락이 보글보글해졌습니다."보다 더 머리카락이 많이 꼬부라진 상태를 나타낸 말이에요. 또, "누나가 친구에게 쫑알쫑알 말했습니다."가 "누나가 친구에게 종알종알 말했습니다."보다 더 누나의 말소리가 크고 빨랐음을 나타낸 말이에요. 그러므로 우리가 쌍 자음자로 짜인 글자를 읽을 때는 홑 자음자로 짜인 글자를 읽을 때보다 더 센 소리를 내어 읽어야 해요.

• 아래의 두 물음을 읽고
 스스로의 생각을 자유롭게 써 보아요.

1. 깡충깡충, 떼굴떼굴, 뽀글뽀글, 쫑알쫑알처럼 모양이나 소리를 흉내 내는 말 중에는 쌍 자음자를 쓰는 낱말이 많아요? 왜 그럴까요?

2. 자신이 알고 있는 쌍 자음자를 모두 쓰세요.

# 4
# 같은 종류의 낱말과 연결되는 말들

과일 종류에는 어떤 낱말이 있나요?
음식 종류에는 어떤 낱말이 있나요?
우리 몸을 나타내는 낱말도 있나요?
같은 종류의 낱말들을 찾아
한데 묶어 보아요.

여러 가지
낱말을 익혀요

## 나와 원숭이

동물원에 갔었어.
원숭이가 있었어.

내가 원숭이를 보았어.
원숭이가 나를 보았어.

내 **눈**은 둘.
원숭이 **눈**도 둘.

내 **코**는 하나.
원숭이 **코**도 하나.

내 **입**은 하나.
원숭이 **입**도 하나.

동시로
생각하고

내 **귀**는 하나.
원숭이 **귀**도 하나.

내 **팔**은 둘.
원숭이 **팔**도 둘.

내 **다리**는 둘.
원숭이 **다리**도 둘.

나는 원숭이를 닮았어.
원숭이는 나를 닮았어.

그래도 나와 원숭이는 달라.
나는 사람이고 원숭이는 원숭이야.

자유롭게 색칠하여 그림을 완성해 보세요.

자신이 알고 있는 한글 낱말들을 머릿속에 떠올려 보세요. 예를 들면, '책, 장난감, 신발, 목도리, 안경, 컴퓨터, 숟가락, 우산, 축구공, 의자, 신호등, 태권도, 버스, 텔레비전, 휴대폰, 신발, 엘리베이터, 휴지통, 휴게소, 아파트, 소나무……' 이런 낱말이 끝없이 머릿속에 떠오를 거예요. 하지만 <mark>이런 낱말들은 같은 종류의 낱말들은 아니에요.</mark> '그럼, 같은 종류의 낱말들도 있나요?'라고 질문할 수 있어요. 예, 그래요. 같은 종류의 낱말들이 있어요. 그래서 그런 낱말들은 한데 무리 지을 수 있어요. 예를 들면, '사과, 배, 감, 귤, 딸기, 수박, 참외, 자두, 살구, 복숭아, 포도, 오렌지, 바나나, 파인애플, 키위, 멜론, 블루베리, 자몽, 망고' 등이 그런 낱말들이에요. 이 낱말들은

4 같은 종류의 낱말과 연결되는 말들

서로 어떤 관계가 있을까요? 이 낱말들은 과일에 포함되는 낱말들이에요.

그런가 하면 우리 몸의 일부분인 낱말들이 있어요. '머리, 눈, 코, 입, 귀, 목, 가슴, 배, 팔, 손, 다리, 무릎, 발' 등이 그런 낱말들이에요. 그리고 이 낱말들은 어떤 활동을 나타내는 말과 연결되어요. 즉, 머리는 '생각한다.'라는 말과 연결되어요. 눈은 '본다.'라는 말과 연결되고, 코는 '냄새 맡는다.'라는 말과 연결되어요. 입은 '먹는다.' 또는 '말한다.'라는 말과 연결되어요. 귀는 '듣는다.' 목은 '삼킨다.' 가슴은 '숨 쉰다.' 배는 '소화시킨다.' 팔은 '뻗는다.' 손은 '쥔다.' 다리는 '걷는다.' 무릎은 '굽힌다.' 발은 '디딘다.'라는 말과 연결되어요. 그러므로, 손을 '듣는다.'라는 말과 연결시키거나 다리를 '소화시킨다.'라는 말과 연결시키는 것은 잘못한 것이에요.

음식의 종류인 낱말들도 있어요. '비빔밥, 김치, 눌은

밥, 떡볶이, 만두, 깻잎 장아찌, 라면, 스파게티, 생선구이, 김치찌개, 된장찌개, 계란말이, 콩나물국, 도라지 무침, 김밥, 햄버거, 피자, 사이다, 초콜릿, 아이스크림' 등이 그 낱말들이에요. 이 낱말들은 맛의 느낌을 나타내는 말과 연결되어요. 예를 들면 이런 말과 연결되어요. '김치가 시다.' '눌은밥이 구수하다.' '떡볶이가 맵다.' '만두가 뜨겁다.' '생선구이가 비릿하다.' '아이스크림이 시원하다.' '초콜릿이 달다.' '도라지 무침이 쓰다.' '깻잎 장아찌가 짜다.' 이렇게 '시다, 구수하다, 맵다, 뜨겁다, 비릿하다, 시원하다, 달다, 쓰다, 짜다' 등은 음식 맛의 느낌을 나타내는 말이에요. 그러므로 우리가 음식 맛을 말할 때도 적절히 표현할 수 있어야 해요.

• 아래의 두 물음을 읽고
스스로의 생각을 자유롭게 써 보아요.

1. 학용품과 관련된 낱말들을 쓰세요.

2. 학용품과 관련된 낱말들은 어떤 말들과 연결될까요?
문장으로 예를 들어 연결해 보세요.

# 5
## 마음을 주고받는 인사

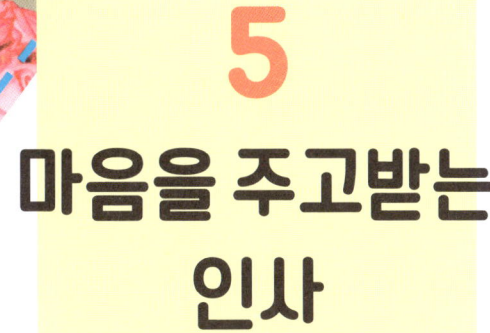

인사는 왜 하는 걸까요?
인사는 어떻게 해야 할까요?
인사를 잘하는 사람은 어떤 태도로
인사할까요?
인사하는 사람과 인사받는 사람이
서로 기분 좋은 인사말을 알아보아요.

반갑게 인사해요

### 기쁨이라는 감기

인사는 마음

인사는 마음의 얼굴

인사는 마음이 내미는 손

인사는 마음이 하는 말

내가 한 말은 나

나는 내가 한 말

아름다운 말은 인사하는 말

인사하는 사람은 아름다운 사람

인사받는 사람은 기분 좋아지는 사람

인사는 기쁨이라는 감기

안녕?

안녕……

'안녕?'은 만날 때 하는 인사

'안녕……'은 헤어질 때 하는 인사

인사는 같은 말도 잘 구별하는 눈과 귀

자유롭게 색칠하여 그림을 완성해 보세요.

　인사는 왜 할까요? 인사했을 때를 머릿속에 떠올려 보세요. 어떤 장면이 생각나나요? 인사를 하고 싶지 않은데도 하게 되었을 때가 떠오르나요? 혹은 인사를 잘해서 칭찬받았을 때가 기억나나요? 반가운 사람을 만났을 때 인사하는 기분은 어떤가요? 인사를 주고받고 나서 친해진 친구도 있나요? 또는 인사는 너무 흔한 일이라 딱히 떠오르는 장면이 없을 수도 있겠어요.

　이처럼 인사했던 경험과 기억은 사람마다 다를 수 있어요. 하지만 분명한 것은, 인사한다는 것은 인사하는 말과 행동이 향하는 상대가 있다는 거예요. 그 상대가 가족이든, 선생님이든, 친구이든, 이웃이든 말이에요. 그래서 인사는 상대를 알아보는 태도에서 시작되어요. 그리고 그 태도는 상대를 예의 있게 대하는 마음에서 출발해요. 이 말은, 상대를 무시하거나 얕잡아 보는 사람은 인사를 하지 않는다는 말과 같아요. 그러니, ==인사하는 것은 상대를 무시하지 않고, 상대가 있음을 인정하고, 상대에게 예의를 지키는 마음을 말과 행동으로 나타내는 일이에요.==

그럼, 인사는 어떻게 해야 할까요? 인사를 잘못하면 상대의 기분을 상하게 할 수도 있어요. 그 상대는 어른만이 아니에요. 친구끼리 인사할 때도 정 없이 말하면 친구는 금방 알아차려요. 방학식을 마치고 헤어지면서, "방학 동안에 살 좀 빼라!"라고 말한다면, 친한 사이일지라도 친구의 마음에 상처를 줄 수 있어요. 그 말은 친구를 위하는 마음에서 한 말이 아니라, 오히려 친구를 무시하는 태도에서 나온 말이라는 것을 친구도 느끼기 때문이에요. 그래서 ==인사할 때는 상대의 마음을 헤아려야 해요. 상대가 싫어할 만한 말은 하지 말아야 해요.== 가장 좋은

인사는 인사받는 사람의 기분이 좋아지는 말이에요. 개학 날에 만난 친구에게 "잘 지냈니? 궁금했어."라고 말한다면, 친구는 기분 나쁘지 않을 거예요. 오히려 자기에게 관심을 보여 준 인사말에 기분이 좋을 거예요. 인사한 사람을 몹시 싫어하지 않았다면 말이에요.

그래서 인사를 할 때는 마음가짐이 중요해요. 그리고 인사하려는 마음이 분명할수록 좋아요. 인사할 때는 또렷한 목소리로 자신 있게 말하는 게 좋아요. 그러면 인사하는 나에게는 자신감이 생기고, 인사받는 사람에게는 '나에게 다정하게 인사하는구나.' 하는 느낌을 주어서 서로의 마음이 흐뭇해져요. 그러니 학교 경비원 아저씨를 만나든, 이웃 아주머니를 만나든, 인사를 할까 말까 마음이 흔들린다면, 조금 큰 목소리도 괜찮으니 자신 있게 말해 보아요. "안녕하세요!"라고요.

• 아래의 두 물음을 읽고
  스스로의 생각을 자유롭게 써 보아요.

1. 인사하고 싶은 마음과 인사하고 싶지 않은 마음은 왜 생길까요? 나의 경험을 떠올려서 대답해 보세요.

2. '안녕'이라는 인사말은 만났을 때도 하고, 헤어질 때도 해요. 이 두 경우를 어떻게 구별할까요?

# 6
# 문장 부호 네 남매

문장 부호는 무엇일까요?
문장 부호가 있는 글을 읽을 때는
어떻게 띄어 읽을까요?
왜 어떤 문장 부호는 조금 띄어 읽고,
다른 문장 부호는 조금 더 띄어 읽을까요?
띄어 읽는 표시는 어떻게 할까요?
문장 부호와 띄어 읽기를 알아보아요.

또박또박 읽어요

## 눈사람

, 와 . 와 ! 와 ? 가
눈 쌓인 학교 운동장에서 만났어요.

"얘들아, 우리 함께 눈을 굴릴까?"
, 와 ? 가 한목소리로 말했어요.

"좋아! 눈덩이를 굴리면 재미있겠다."
! 와 . 가 기뻐서 대답했어요.

네 친구가 열심히 눈덩이를 굴렸어요.

눈덩이가 구르며 자기 마음을 읽었어요.
얘들아,∨반가워!∨
나는 눈사람이 되고 싶어.
그런데 너희는 누구니?

네 친구는 하나씩 대답했어요.
**,**는 **쉼표**이고
**.**는 **마침표**야.
**?**는 **물음표**이고
**!**는 **느낌표**야.


네 친구는 눈덩이를 하나 더 굴려
커다란 눈사람을 만들었어요.
나뭇가지로 양팔도 만들어 주었어요.


**?**가 눈사람에게 물었어요.
"어때**?** 너의 모습이 마음에 드니**?**"


눈사람이 제 모양으로 대답했어요.
응

　우리말을 배우는 외국인에게 말할 때는 또박또박 천천히 말해 주어야 해요. 그래야 외국인이 좀 더 잘 알아들을 수 있기 때문이에요. 외국인뿐만 아니라, 한국인 앞에서 글을 읽을 때도 글을 잘 띄어 읽어야 해요. 그렇지 않으면, 글을 읽는 소리가 너무 빠르거나 정확하게 들리지 않아서 듣는 사람도, 읽는 사람도 글의 내용을 잘 알아차릴 수 없어요. 그래서 글을 읽을 때는 잘 띄어 읽어야 하고, 작지 않은 목소리로 또박또박 읽어야 해요.

　특히, 문장 부호를 읽을 때는 더욱 잘 띄어 읽어야 해요. 문장 부호는 글의 내용을 잘 드러내기 위하여 쓰는 여러 표시이에요. 쉼표( , ), 마침표( . ), 물음표( ? ), 느낌표(!)가 대표적인 문장 부호예요. 그중에서 쉼표( , )는 누군가를 부르는 말이나 대답하는 말 뒤에 붙여 써요. 예를 들면, 앞의 동시에서처럼, "애들아,"라고 친구들을 부를 때 쉼표를 써요. 마침표( . )는 무언가를 설명하는 문장 끝에 붙여 써요. "눈사람을 만들면 재미있겠다." 이렇게 문장을 마칠 때 마침표를 써요. 물음표( ? )는 무언가를 묻는 문장 끝에 붙여 써요. "우리 함께 눈사람을 만들까?" 하고 물을 때 물음표를 써요. 느낌표( ! )는 어떤 느낌을 나타내는 문장 끝에 붙여 써요. "좋아!"하며 느낌을 나타낼 때 느낌표를 써요.

그럼, 문장 부호가 있는 글을 읽을 때는 어떻게 띄어 읽어야 할까요? 쉼표( , ) 다음에는 조금 쉬어 읽어요. '조금 쉬어 읽는 기호'는 ∨이에요. ('기호'는 글자 대신 어떤 뜻을 나타내려고 쓰는 표시이에요) 마침표( . )와 물음표( ? )와 느낌표( ! ) 다음에는 쉼표( , )보다 조금 더 쉬어 읽어요. '조금 더 쉬어 읽는 기호'는 ∨이에요. 그런

데, 왜 쉼표( , ) 다음은 조금만 쉬어 읽고, 마침표( . )와 느낌표( ! )와 물음표( ? ) 다음에는 조금 더 쉬어 읽을까요? 쉼표( , )가 있는 곳은 문장이 끝나는 곳이 아니고, 마침표( . )와 느낌표( ! )와 물음표( ? )가 있는 곳은 문장이 끝나는 곳이기 때문이에요.

 그러면, ∨와 ∨를 사용하여 문장에 표시해 볼까요? "애들아,∨함박눈이 내렸어!∨다 함께 눈사람을 만들어 볼래?∨멋질 것 같아.∨어때?" 예를 든 이 문장처럼 문장 부호가 있는 글을 읽을 때는 조금 쉬어 읽거나, 조금 더 쉬어 읽어야 읽는 사람도, 듣는 사람도 글의 내용을 잘 이해할 수 있어요. 글은 맞게 쓰는 것도 중요하지만, 또박또박 잘 읽는 것도 중요해요.

• 아래의 두 물음을 읽고
스스로의 생각을 자유롭게 써 보아요.

1. 아래의 문장에 ∨와 ∨로 띄어 읽는 표시를 해 보세요.
"눈사람아, 너를 만들어 주어서 기쁘니? 우리도 기뻐! 너를 만드는 동안 즐거웠어. 눈사람아, 안녕."

2. 왜 낱말과 낱말 사이에는 ∨와 ∨를 표시하지 않고, 문장 부호가 있는 곳에만 ∨와 ∨로 띄어 읽는 표시를 하는 걸까요?

# 7
# 쌍받침 글자와 문장의 짜임

쌍받침은 어떤 자음자끼리 만들어졌을까요?
쌍받침이 있는 글자는 어떤 낱말들일까요?
문장은 어떻게 짜여 있을까요?
쌍받침 글자를 알아보고
문장들은 어떻게 짜여 있는지도
살펴보아요.

알맞은 낱말을 찾아요

### 쌍받침의 소개말

안녕, 얘들아! 나는 쌍받침이야.
나의 받침이 쌍둥이여서 이름이 쌍받침이야.

나는 ㄲ일 때도 있고, ㅆ일 때도 있어.
ㄲ은 쌍기역이고, ㅆ은 쌍시옷이야.

내가 ㄲ일 때는
무언가를 하고 있을 때가 많아.

매일 아침저녁에 이빨을 닦고,
풀어진 신발 끈을 묶고,
낚싯대로 물고기를 낚고,
새로 산 연필을 깎고,
찬물에 더운물을 섞을 때가 그때야.

동시로 생각하고

내가 ㅆ일 때는
지나간 일이었을 때가 많아.

학교에서 곧장 집으로 왔고,
건널목에서 신호를 기다렸고,
엄마를 따라서 시장에 갔고,
저녁밥을 맛있게 먹었고,
엄마의 잔소리를 듣고 숙제를 했고,
이튿날 책가방을 쌌을 때가 그때야.

그래서 나는 ㄲ일 때보다 ㅆ일 때가 더 많아.
닦고, 묶고, 낚고, 깎고, 섞을 때보다
갔고, 왔고, 했고, 있었고, 있을 때가 더 많거든.

그래도 나는 ㄲ과 ㅆ뿐이어서 다행이야.
만약에 나의 쌍받침이
ㄴㄴ, ㄷㄷ, ㄹㄹ, ㅁㅁ, ㅂㅂ, ㅇㅇ과
ㅈㅈ, ㅊㅊ, ㅌㅌ, ㅍㅍ, ㅎㅎ까지 있었으면
얼마나 더 바빴겠니?

'할머니께서 저의 머리를 묶어 주었습니다.' '짜장면을 맛있게 먹었습니다.' '물티슈로 책상을 깨끗이 닦았습니다.' '책가방을 메고 집을 나섰습니다.' 이 네 문장에는 같은 자음자가 겹쳐서 된 받침이 들어간 글자들이 있어요. 다시 한 번 자세히 읽으며 그런 받침을 찾아보아요. 찾았나요? 그 받침은 '묶, 었, 있, 닦, 았, 섰'이에요. 이렇게, 'ㄲ, ㅆ'처럼 같은 자음자가 겹쳐서 된 받침을 쌍받침이라고 해요. 쌍받침은 거의 모든 문장에서 볼 수 있을 만큼 매우 흔한 받침이에요. '있다, -었다, -았다, 갔다, 섰다, 잤다, 탔다'로 끝나는 문장이 많기 때문이에요. 그뿐 아니라, 쌍받침이 들어간 낱말도 많아요. '낚다, 낚시, 낚싯대, 닦다, 닦달하다, 묶음, 묶다, 밖, 깎다, 섞다' 등의 글자들이 그것이에요.

그런데 쌍받침 글자는 그 글자와 같은 소리가 나는 글자와는 낱말 뜻이 달라요. 즉, '있다'와 구별되는 '잇다'는 '연결하다'는 뜻이고, '았다'와 구별되는 '앗다'는 '빼앗다'라는 뜻이에요. 또, '묶다'와 구별되는 '묵다'는 '오래된 상태가 되다'라는 뜻이며, '밖'과 구별되는 '박'은 조롱박 같은 '덩굴 풀'의 한 종류이에요. 그러므로 'ㄲ, ㅆ'이 들어가는 쌍받침 글자는 읽고 쓸 때마다 잘 구별하여 사용해야 해요.

쌍받침 글자가 들어간 문장을 써 볼까요? '그는 낚시를 좋아했다.' 이 문장에는 '낚시'에 'ㄲ'이 있고, '했다'에 'ㅆ'이 있어요. 그런데 이 문장은 세 덩이로 짜여 있어요. 즉, '① 그는 ② 낚시를 ③ 좋아했다.'이에요. 낚시를 한 사람은 누구인가요? 그이에요. 그가 한 것은 무엇인가요? 낚시이에요. 그는 낚시를 어찌 했나요? 좋아했어요. 이렇게 스스로 묻고 대답해 보면 기본 문장은 '누가 / 무엇을 / 하다'로 짜여 있음을 알 수 있어요. 다음 문장도

읽어 보아요. '우리 가족은 기차를 타고 여수에 갔다.' 이 문장도 세 덩이로 짜여 있어요. 즉 '① 우리 가족은 ② 기차를 타고 ③ 여수에 갔다.'이에요. 이 문장도 짜임을 알아보려고 묻고 대답해 보세요. 여수에 간 사람은 누구인가요? 우리 가족이에요. 여수에 갈 때 무엇을 탔나요? 기차를 탔어요. 우리 가족이 기차를 타고 어디에 갔나요? 여수에 갔어요. 이런 기본 문장의 짜임을 이해하고 있으면 어떤 문장이든 더 잘 읽을 수 있고, 더 잘 쓸 수 있어요.

• 아래의 두 물음을 읽고
  스스로의 생각을 자유롭게 써 보아요.

1. '우리는 축구를 좋아한다.' 이 문장을 '누가 / 무엇을 / 하다.'로 스스로 나누어 묻고 대답해 보세요.

2. 쌍기역(ㄲ)과 쌍시옷(ㅆ) 받침이 들어간 낱말을 사용하여 한두 문장을 만들어 보세요. (앞의 동시를 참고하세요)

# 8
# 소리와 모양을 흉내 내는 말

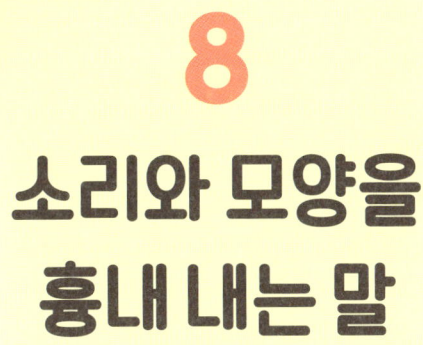

소리를 흉내 내는 말들은 무엇일까요?
모양을 흉내 내는 말들은 무엇일까요?
소리를 흉내 내는 말로 이름 지은 동물들은 무엇일까요?
소리와 모양을 흉내 내는 말들을 알아보아요.

기분을 말해요

### 흉내 내기 마술 대회

숲속에서 마술 대회가 열렸어요.
소리와 모양을 흉내 내는 마술 대회예요.
뻐꾸기가 **뻐꾹뻐꾹** 울며 시작을 알렸어요.

맨 먼저 **쨍쨍**이 나섰어요.
**쨍쨍**이 금빛 꽹과리를 치자
햇볕이 **쨍쨍** 내리쬐었어요.

햇볕이 숲을 덮어서 **울긋불긋**이 나섰어요.
**울긋불긋**이 색종이를 뿌리자
꽃들이 **울긋불긋** 피어났어요.

숲이 더워지자 **주룩주룩**이 나섰어요.
**주룩주룩**이 양팔을 벌리자
장대비가 **주룩주룩** 내렸어요.

비가 그치자 살랑살랑이 나섰어요.
살랑살랑이 부채질을 하자
산들바람이 살랑살랑 불어왔어요.

바람 타고 늦게 나타난 마술사는
푸드덕푸드덕이었어요.
꿩이 깃을 치자 푸드덕푸드덕이 내렸어요.

꿩이 내려앉은 뽕나무에서
주렁주렁이 가지마다 마술을 걸었어요.
가지마다 오디*가 주렁주렁 열렸어요.

오디를 보고는 모두가 대회를 잊어버렸어요.
마술사들은 옹기종기 앉아 오디를 먹었어요.
사실은 옹기종기가 마술을 건 거였어요.


\* 오디: 뽕나무의 열매.

"햇볕은 쨍쨍 / 모래알은 반짝 / 모래알로 떡 해 놓고 / 조약돌로 소반 지어 / 언니 누나 모셔다가 / 맛있게도 냠냠." 이 동요를 들어 보았나요? 참 오래된 동요이에요. 가락도 신나는 동요 속의 아이들이 여름 낮에 모래로 떡을 찌고, 조약돌로 밥을 짓는 소꿉놀이를 하고 있어요. 어떻게 여름인 줄 아느냐고요? "햇볕은 쨍쨍 / 모래알은 반짝"이라잖아요. 햇볕이 쨍쨍 내리쬐는 계절은 여름이고, 그 햇볕을 받은 모래는 반짝반짝 빛나니까요. 이 동요를 재미있게 해 주는 '쨍쨍'이라는 말은 뜨거운 햇볕의 모양을 흉내 내요. 또, '반짝반짝'이라는 말은 빛을 받아 눈부신 모래의 모양을 흉내 내요.

이처럼, 한글에는 어떤 모양을 흉내 내는 말들이 무척 많아요. 앞의 동시에서 파란색 글자로 표시한 낱말들이 모양을 흉내 내는 말들이에요. 울긋불긋은 짙거나 옅은 여러 빛깔이 한데 뒤섞여 있는 모양이에요. 살랑살랑은 차갑지 않은 바람이 가볍게 자꾸 부는 모양이에요. 주렁주렁은 열매 같은 것이 많이 매달려 있는 모양이에요. 옹기종기는 작은 것들이 고르지 않게 많이 모여 있는 모양이에요. 그 밖에도 넓고 시원스레 트인 모양을 나타내는 활짝도 모양을 흉내 내는 말이고요, 작은 것들이 한곳에 많이 붙어 있는 모양인 다닥다닥도 모양을 흉내 내는 말이에요.

그런가 하면, 소리를 흉내 내는 말들도 많아요. 앞의 동시에서 빨간색 글자로 표시한 낱말들이 소리를 흉내 내는 말들이에요. 뻐꾹뻐꾹은 뻐꾸기가 제 이름을 부르는 듯한 소리를 흉내 내는 말이에요. 주룩주룩은 굵은 물줄기나 빠르게 흐르거나 빗물이 쏟아지는 소리를 흉내 내

는 말이에요. 푸드덕푸드덕은 큰 새가 힘차게 날개를 치는 소리를 흉내 내는 말이에요. 그런데, 주룩주룩과 푸드덕푸드덕은 소리뿐만 아니라, 모양을 흉내 내는 말이기도 해요. 그밖에도, 뚜렷하게 걸어가는 소리나 모양을 흉내 내는 뚜벅뚜벅도 마찬가지이에요.

그런데 재미있는 것은, 소리를 흉내 내는 말 중에는 뻐꾹뻐꾹처럼 동물의 이름과 비슷한 말들이 많아요. 소쩍새가 우는 소리를 흉내 내는 소쩍소쩍도 그렇고요, 개구리와 맹꽁이가 우는 소리를 흉내 내는 개골개골과 맹꽁맹꽁도 그래요. 또, 매미가 우는 소리를 흉내 내는 맴맴도 그렇고요, 귀뚜라미가 우는 소리를 흉내 내는 귀뚤귀뚤도 마찬가지이에요. 그러고 보면, 맨 처음 이런 동물의 이름을 지을 때 그 동물이 내는 소리를 듣고 지은 것이 틀림없어요. 이 책을 읽는 여러분의 이름은 어떤 이유로 지어졌나요? 궁금하지 않은가요? 한번 물어보세요.

• 아래의 두 물음을 읽고
  스스로의 생각을 자유롭게 써 보아요.

1. 소 울음을 흉내 내는 '음매'처럼 소리를 흉내 내는 말 중에서 동물 이름과 비슷하지 않은 말들을 써 보세요.

2. 눈을 밟았을 때를 흉내 내는 '뽀드득뽀드득'처럼, 소리와 모양을 함께 흉내 내는 말들을 써 보세요.

# 9 낱말을 바르게 읽고 쓰기

글 쓸 때 알맞은 낱말을 골라서 써야 하는
까닭은 무엇일까요?
여러 뜻으로 쓰이는 낱말은 어떻게 읽어야
잘 이해할 수 있을까요?
많은 낱말을 알고 있으면
좋은 점이 무엇일까요?
낱말을 정확하게 읽고 써 보아요.

낱말을
정확하게
읽어요

## 엉뚱한 일기

오늘은 늦잠을 잣다.
　늦잠에서 실을 뽑았다고?
오늘은 늦잠을 잤다.

시계를 보고 깜짝 놀았다.
　시계와 함께 어울려 놀았다고?
시계를 보고 깜짝 놀랐다.

가마니 생각해 보니 일요일이었다.
　일요일에 쌀가마니를 생각했다고?
가만히 생각해 보니 일요일이었다.

만두 가겟집에 갔는데 문이 다쳐 있었다.
　만두 가겟집 문이 사고를 당해 다쳤다고?
만두 가겟집에 갔는데 문이 닫혀 있었다.

다음 토요일에는 반듯이 먹고 말 테다.
　다음에는 만두를 반듯하게 잘라 먹겠다고?
다음 토요일에는 반드시 먹고 말 테다.


가랑비를 맡으며 집으로 돌아왔다.
　가랑비의 냄새를 맡았다고?
가랑비를 맞으며 집으로 돌아왔다.


저녁에는 엄마가 김치전을 붙여 주셨다.
　엄마가 김치전을 접시에 붙여 주셨다고?
저녁에는 엄마가 김치전을 부쳐 주셨다.


방금 일기 쓰기를 맞혔다.
　일기 쓰기의 정답을 맞혔다고?
방금 일기 쓰기를 마쳤다.

'낱말'은 무엇일까요? 국어사전을 찾아보면, 낱말의 뜻은 따로따로인 한 말 한 말이에요. '낱'의 뜻이 '셀 수 있는 물건의 하나하나'이니, '낱말'은 '하나하나의 말'이에요. 그래서 낱말에는 각각의 말뜻이 있어요. 앞의 동시로 예를 들어 볼까요? '잣다.'라는 말은 '물레에서 실을 뽑는다.'라는 뜻이에요. 반면에, '잤다.'라는 말은 '잠을 잤다.'라는 뜻이에요. 그래서 일기에 "오늘은 늦잠을 잣다."라고 쓰면, 전혀 엉뚱한 말이 되어 버려요. 일기뿐만 아니라 어떤 글이든 알맞은 낱말을 골라 써야 말하려는 내용을 정확하게 쓸 수 있어요.

글을 쓸 때 알맞은 낱말을 사용하려면 어떻게 해야 할

까요? 그러려면 먼저 **사용하려는 낱말의 뜻을 정확하게 알아야 해요.** 어떤 낱말이 무슨 뜻인지 잘 모르면서 글을 쓰면, 글 쓰는 자신도 헤매게 되고, 그 글을 읽는 사람도 그 내용을 제대로 이해할 수 없어요. 만약에 한 아이가 일기장에 "우리 아빠는 우리 할아버지를 담았다."라고 썼다면, 읽는 사람은 그 뜻을 이해하기 어려워요. 할아버지는 물건이 아니어서 '담았다.'라고 말하면 안 될뿐더러, 할아버지를 어디에 담았는지도 알 수 없기 때문이에요. 사실은 "우리 아빠는 할아버지를 닮았다."라고 쓰려던 글이 전혀 엉뚱한 내용이 되어 버렸어요.

글을 읽을 때는 어떻게 읽어야 글의 내용을 잘 알아차릴 수 있을까요? 낱말 중에는 한 가지 뜻만이 아니라 여러 말뜻이 있는 경우도 많아요. '묻다.'라는 낱말에는 약 세 가지 뜻이 있어요. '길을 묻다.'라고 할 때는 '**질문한다.**'라는 뜻이에요. '물감이 옷에 묻다.'라고 할 때는 '**들러붙거나 흔적이 남았다.**'라는 뜻이에요. '보물을 땅에 묻

다.'라고 할 때는 '땅을 파서 흙으로 덮었다.'라는 뜻이에요. 그래서 여러 뜻으로 쓰는 낱말을 읽을 때는 그 글의 앞뒤 문장을 잘 이해해야 해요. 그래야 어떤 낱말이 그 낱말의 여러 뜻 가운데 어떤 뜻으로 사용되었는지를 잘 알아차릴 수 있어요.

　많은 낱말을 알고 있으면, 글을 쓸 때 알맞은 낱말들을 골라서 자유롭게 쓸 수 있어요. 마찬가지로, 글을 읽을 때도 많은 낱말을 알고 있으면 글의 내용을 잘 이해할 수 있어요. 그럼, 많은 낱말을 알려면 어떻게 해야 할까요? 낱말들을 무작정 외워야 할까요? 아니에요. 그러기보다는 여러 가지 책을 많이 읽는 게 좋아요. 책을 읽으면서 잘 모르는 낱말이 나오면 그때마다 국어사전을 찾아보아요. 그러다 보면, 마치 밤새 지붕에 내린 함박눈처럼 많은 낱말이 저절로 머릿속에 차곡차곡 쌓여요.

- 아래의 두 물음을 읽고
  스스로의 생각을 자유롭게 써 보아요.

1. 편지 쓰기를 좋아하나요? 아니면 싫어하나요? 편지 쓰기를 좋아하든, 싫어하든, 가만히 생각하여 좋아하는 까닭이나 싫어하는 까닭을 써 보세요.

2. 자신에게 편지를 써 보세요. 그 편지를 잘 기억해 두었다가 1년 뒤에 열어 보세요.

# 10
## 그림일기를 쓰고 그리기

일기는 무엇일까요?
그림일기는 무엇일까요?
그림일기는 어떻게 쓰고 그릴까요?
그림일기를 쓰고 그리면
좋은 점은 무엇일까요?
그림일기는 어떤 순서로 쓰고 그릴까요?
그림일기에 관하여 알아보아요.

그림일기를 써요

### 그림일기의 그림일기

오늘도 낮에는 심심했고 밤에는 바빴다.
아이들이 그림일기를 밤에 쓰기 때문이다.

이 집, 저 집에 불려 다니는 나는 안다.
누가 그림일기를 잘 쓰고, 잘 그리는지를.

어떤 아이는 거짓말로 그림일기를 쓴다.
없었던 일을 있었던 일인 것처럼
꾸며 쓰고, 꾸며 그린다.

다른 아이는 있었던 일을 쓰고 나서
자기 속마음까지 일기장에 적는다.

참말은 반성과 다짐을 낳고
거짓말은 또 다른 거짓말을 낳는다.

시간은 강물처럼 흘러가지만
그림일기는 시간을 기록하고 그림으로 남긴다.

누구나 그림일기를 쓰고 그리는 동안
그날 하루를 두 번 산다.

한 번은 하루를 활동하며 살고
또 한 번은 그날의 활동을 생각하며 산다.

그림일기로 그날을 두 번째 사는 동안
그날을 생각과 느낌으로 간직할 수 있다.

오늘의 생각은 내일 다시 잠 깬다.
그래서 그림일기를 쓰고 그리는 일은
내일을 미리 사는 일이기도 하다.

'일기'는 무엇일까요? 일기는 겪은 일이나 생각과 느낌을 날마다 적은 기록이에요. 그래서 일기는 하루를 지내는 동안 기억나는 일을 일기장에 적어서 자기의 생각과 느낌을 함께 기록하는 일이에요. '그림일기'는 무엇일까요? 그림일기는 하루 동안에 기억나는 일을 글로도 적고, 그림으로도 그려 놓은 기록이에요. 그래서 그림일기는 일기의 글이 그림으로도 표현되어 있어요.

그림일기에는 어떤 내용이 들어갈까요? 그림일기에는 날짜와 요일과 날씨가 표시되어야 해요. 또, 오늘 일어난 일과 생각이 글로 나타나야 해요. 그리고 글과 어울리는 그림도 그려야 해요. 왜 일기장에 날짜와 요일, 날씨를 쓸까요? 그림일기를 언제 쓰고 그렸는지를 표시해 두려는 거예요. 어느 날의 그림일기를 한 달이나 몇 년 지나서 다시 읽어 볼 수도 있으니까요. 그런데 날짜, 요일, 날씨 표시가 없으면, 그날의 상황을 머릿속에 떠올리기 어려워요. 그리고, ==그림일기의 그림은 글과 어울리게 그려야 해요.== 그림이 글의 내용과 다르면, 그날의 일기를 두 편이나 남기는 것과 같아요.

그림일기를 쓰고 그리면 좋은 점은 무엇일까요? 우선은, ==하루 동안 어떤 일들이 일어났는지를 알 수 있어서 좋아요.== 그다음으로는, 그림일기를 쓰고 그리는 동안에 ==그날 일어난 일들에 대하여 곰곰이 생각할 수 있어서 좋아요.== 그러고 나면, 그 ==생각과 느낌이 며칠이 지나도 기억나서 좋아요.== 생각은 보통 이튿날이면 잊어버리곤 해요. 하지만, 그 생각과 느낌을 글로 쓰고, 그림으로 그리면 머릿속에 오래 남기 마련이에요.

　그림일기는 어떤 순서로 쓰고 그릴까요? 우선은 그림일기를 쓰기 전에 하루 동안 겪은 일들을 머릿속에 떠올려 보아요. 그다음, 기억에 남는 일을 골라 보아요. 그중에서 특히 마음속에 남는 일이 그날 일기의 내용이 될 거예요. 이렇게, 쓰고 그릴 내용이 정해지면, 먼저 날짜와 요일을 적고, 날씨도 표시해요. 어쩌면 그날 날씨가 그날 일기의 내용이 될 수도 있어요. 학교에 우산을 안 가져가서 하굣길에 소나기를 맞았을 수도 있으니까요. 그런데, 그림일기를 쓰고 그릴 때 꼭 지켜야 할 것이 있어요. 그것은 그림일기를 거짓으로 쓰고 그리면 안 된다는 거예요. 사실이 아닌 이야기를 지어내면, 그것은 일기가 아니라 소설이에요. 일기는 오늘의 나를 되돌아보게 하고, 내일을 계획하게 해 주는 아주 훌륭한 나만의 선생님이에요.

• 아래의 두 물음을 읽고
  스스로의 생각을 자유롭게 써 보아요.

1. 오늘 일기의 내용이 어제와 비슷할 수 있어요. 그럴 때는 어떻게 다른 내용을 쓸 수 있을까요?

2. 그동안 내가 쓴 일기 중에서 가장 잘 썼다고 스스로 생각하는 일기의 내용은 무엇인가요?

# 11
## 글을 읽을 때 눈여겨보아야 할 것들

글을 읽을 때 무엇을 눈여겨보아야 할까요?
이야기 속의 인물이 무엇을 했는지 말해 볼까요?
이야기 속에서 어떤 일이 일어났는지
글로 써 볼까요?
이야기에 어울리는 새로운 제목을
붙여 볼까요?

감동을 나누어요

### 거꾸로 읽는 옛날이야기

바닷물이 소금물이 되었다.
바다에 빠진 요술 맷돌에서 소금이 끝없이 나왔다.

심청이가 바다에 몸을 던졌다.
아버지의 눈을 뜨게 하려고 스스로 제물이 되었다.

늑대가 나타나 목동의 양들을 잡아먹었다.
사람들은 거짓말하는 목동의 말을 믿지 않았다.

선녀가 아이들을 데리고 하늘로 날아올랐다.
나무꾼이 선녀의 말을 믿고 선녀 옷을 내주었다.

유리 구두가 신데렐라의 발에 꼭 맞았다.
왕궁 잔치에서 신데렐라가 구두를 잃어버렸다.

욕심 많은 혹부리 영감의 혹이 두 개가 되었다.
속아서 화난 도깨비들이 혹을 붙여 주었다.

놀부가 제비의 다리를 부러뜨렸다.
흥부처럼 금은보화를 얻고 싶어서 꾀를 썼다.

겉옷을 움켜쥐던 나그네가 옷을 벗었다.
해가 뜨거운 볕으로 날씨를 무덥게 했다.

여우가 "저 포도는 실 거야."라고 혼잣말했다.
여우는 포도를 딸 수 없자 마음 편하게 생각했다.

끝내 인어공주는 물방울이 되었다.
인어공주는 사랑하는 왕자를 해칠 수 없었다.

물방울이 된 인어공주를 읽고 눈물이 났다.
슬픔은 마음을 착하게 만드는 선생님이다.

　이야기책을 좋아하나요? 어떤 이야기가 재미있나요? 재미있게 읽은 이야기의 내용을 말이나 글로 나타내 볼래요? 가만히 생각해 보세요. 재미있게 읽은 이야기는 줄거리는 머릿속에 남고, 읽은 느낌은 마음속에 남아요. 이야기의 줄거리는 이야기책 속에 있지만, 독자가 읽는 동안 그 줄거리는 저절로 머릿속에 베껴지고, 그러면서 생기는 어떤 느낌은 독자의 마음속에 간직되니까요. 그래서 글을 잘 읽은 독자는 이야기 속에 등장한 인물들이 무엇을 했는지도 기억하고, 이야기 속에서 어떤 일이 일어났는지도 잘 알고 있어요.

　앞의 동시 첫 부분에 나오는 요술 맷돌 이야기를 기억

해 볼까요? 그런데 이 이야기는 옛날부터 사람들의 입에서 입으로 전해 오는 이야기여서, 지역에 따라 이야기의 줄거리가 조금씩 달라요. 국어 교과서에 소개된 이야기에서는 백성을 사랑하는 임금님이 요술 맷돌의 주인이지만, 또 다른 이야기에서는 마음 착한 한 백성이 그 맷돌의 주인이거든요. 어쨌든, 이 이야기에서 요술 맷돌은 끝내는 도둑의 손에 들어가요. 그리고 바다를 건너는 배 안에서 요술 맷돌은 많은 소금을 쏟아 내요. 도둑은 소금을 멈추지 못하고, 넘쳐나는 소금의 무게를 못 이겨 결국 배는 바닷속에 가라앉아요. 배와 함께 가라앉은 요술 맷돌에서는 끝없이 소금이 쏟아져서 그 후 바닷물은 소금물이 되어요.

이 요술 맷돌 이야기는 욕심에 눈이 멀어 벌어진 사건이에요. 그리고 이야기를 읽는 동안 독자는 요술 맷돌이 원래는 누구의 것이었고, 요술 맷돌에는 어떤 신기한 능력이 있는지를 잘 알게 되어요. 그리고 이야기를 다 읽고

나면, 이 이야기의 제목을 왜 「소금을 만드는 맷돌」이라고 지었는지도 이해할 수 있어요. 이처럼 글의 제목은 그 글을 한마디로 나타내 주면 좋아요. 그리고 어떤 글에 어울리는 제목은 여러 가지일 수 있어요. 「소금을 만드는 맷돌」 말고 다른 제목을 지어 볼까요? 가장 간단하게는 '요술 맷돌'이라고 지을 수 있겠어요. 또는 '요술 맷돌은 어디로 사라졌을까?'나 '사라진 요술 맷돌' 등으로 제목을 붙일 수 있겠어요. 이렇듯, 어떤 이야기에서 어떤 일이 일어났는지를 잘 알고 있는 독자라면 누구든 또 다른 제목을 지을 수 있어요. 여러분이 어떤 새로운 제목을 지을지 궁금해요.

• 아래의 두 물음을 읽고
  스스로의 생각을 자유롭게 써 보아요.

1. 앞의 동시에 나온 옛날이야기 중에서 하나를 골라서 새로운 제목을 지어 보세요.

2. 「신데렐라」 이야기와 「콩쥐 팥쥐」 이야기의 공통점을 찾아 말해 보세요.

# 12 그림을 보고 생겨난 생각을 표현하기

그림에 나타난 이야기를 어떻게 알아차릴까요?
그림에 나타나 있지 않은 이야기는
어떻게 생각할 수 있을까요?
그림을 보고 문장을 쓸 때는
어떻게 쓸까요?
그림을 보고 생겨난 생각을
표현해 보아요.

생각을 키워요

### 내 생각은

내 생각은 풀잎이에요.
바람이 내 생각을 이리저리 흔들어요.

내 생각은 악보예요.
피아노가 내 생각을 연주해요.

내 생각은 보름달이에요.
흰 구름이 내 생각을 자꾸 가려요.

내 생각은 새벽이에요.
태양이 내 생각을 밝혀 주어요.

내 생각은 바닷물이에요.
고래가 가끔 내 생각을 뿜어 주어요.

동시로
생각하고

내 생각은 우산이에요.
빗물이 내 생각을 적셔 주어요.


내 생각은 고속도로예요.
자동차가 내 생각을 쌩쌩 달려요.


내 생각은 마른 나뭇가지예요.
까치가 내 생각을 물어다가 집을 지어요.


당신의 생각은 (　　　)이에요.
(　　　)가 당신의 생각을 나타내요.


내 생각은 궁금이이에요.
당신의 (　　　)가 무엇일지 궁금해해요.

　앞의 동시와 함께 실린 그림을 보아요. 그 그림에 무엇이 등장하나요? 한 여자아이가 있어요. 명찰을 보니 초등학교 1학년 3반 학생인가 보아요. 그 어린이가 무엇을 하고 있나요? 피아노를 치면서 신나게 노래를 부르고 있어요. 이처럼 그림에는 누가 등장하고, 어떤 일이 일어나는지가 나타나 있어요. 우리는 그것을 알아차릴 수 있어요. 우리가 '관찰'했기 때문이에요. 관찰이라는 말뜻은 어떤 물건이나 일을 눈여겨 살펴보는 일이에요. 그림을 눈여겨보니, 음표들과 함께 초록색 잎들이 아이의 노랫소리에 따라 흩날리는 것 같아요. 그뿐인가요? 그래요. 그림만으로는 그뿐이에요. 하지만, 우리는 그림 속의 어린이가 노래 부를 때 왜 초록 잎들이 흩날리는지를 생각해 볼 수 있어요. 이때의 생각은 '상상'이에요. 직접 본 일도 아니고, 그림에 나타나 있지도 않으니까요. 상상이라는 말뜻은 실제로 경험하지 않은 일을 마음속으로 그려 보는 것이에요.

그럼, 그 그림을 보고 자유롭게 상상해 보아요. 어린이는 어떤 노래를 부르고 있을까요? 아마도 노래 가사 중에 '나뭇잎'이 들어 있을 것 같지 않나요? 그리고 나무가 많은 곳은 숲이나 산이니까, 노래 속의 장소는 숲속이나 산속일 수도 있겠어요. 또, 나뭇잎이 흩날리니까, 노래 속의 장소에는 산들바람이 부는가 보아요. 또는 좀 더 거센 바람이 불 수도 있겠어요. 가을에 시든 나뭇잎은 쉽게 떨어지지만, 초록 잎은 잘 떨어지지 않으니까요. 그렇다면, 초록 나뭇잎들을 떨어뜨릴 만큼 바람이 세게 불 텐데, 노래하는 어린이의 표정이 밝고, 신나 있어요. 그러니 그 바람이 나쁜 일이 생기게 한 것은 아닌 것 같아요. 오히려 노래 속에서 부는 바람은 어쩌면 한여름의 더위

를 식혀 주는 아주 시원한 바람일지도 모르겠어요.

　이처럼, 그림을 보고 문장을 쓰려면 우선은 그림에 나타난 일을 이해하고 문장으로 정확하게 나타내야 해요. 그다음은, 그 일이 있기 전에 어떤 일이 있었는지를 그림을 관찰하여 글로 나타내는 것이에요. 혹은 그 일이 있은 다음에 어떤 일이 생길지를 상상하여 글로 나타내는 것이에요. 그렇게 하면, 그림에 나타나 있는 일도 더 잘 이해할 수 있고, 그림 속의 이야기도 여러 가지로 느끼고 생각할 수 있어요. 생각을 나타내는 글은 생각하는 힘에서 나와요.

• 아래의 두 물음을 읽고
  스스로의 생각을 자유롭게 써 보아요.

1. □에 알맞은 낱말을 써 보세요.
   까치는 높은 □□에 □□를 지어요.
   까치의 □□는 마른 □□□□로 지어요.

2. 말을 하는 것과 글을 쓰는 것 중에서 어느 편이 더 쉬울까요? 이유를 대어 대답해 보세요.

# 13
## 글을 바르게 띄어 읽기

왜 글을 바르게 띄어 읽어야 할까요?
글을 잘못 띄어 읽으면 어떤 문제가 생길까요?
글을 바르게 띄어 읽는 방법은
무엇일까요?
글을 읽을 때 어떻게
띄어 읽어야 하는지를 알아보아요.

문장을 읽고 써요

## 고쳐서 띄어 읽을 일기

잘못 띄어 쓴 일기를 아래 칸에 고쳐 쓰고
알맞게 띄어 읽어 보세요.

놀이동 산에 가면 좋겠다고 생각했다.

아빠 가나의 마음을 알아차리셨다.

아빠와 함께 가 방을 꾸렸다.

우아엄마는 도시락을 싸셨다.

내가 좋아하는 참치김 밥을 만드셨다.

바이 킹은 무서워 서 못 탔다.

회전목 마는 재미있었다.

피곤해 서버스 안에서 잠들었다.

아빠 가나를 업고 집에 오셨다.

아빠에 게미안한 마음이 들었다.

세수하 고양치 하고 일 기를 쓴다.

오늘은 쓸이야기가 너무 많다.

내일도 놀이동 산에 가면 좋겠다.

다음번에는 바이 킹도타 보아야겠다.

오늘 밤꿈 나라에서 도백마를 타고 싶다.

　글을 읽을 때 왜 띄어 읽어야 할까요? 글을 띄어 읽을 때 왜 바르게 띄어 읽어야 할까요? 글을 잘못 띄어 읽으면 어떤 문제가 생길까요? 세상의 모든 말이 그렇듯이, 우리 한글도 '낱말'들이 모여서 문장을 이루어요. 그래서 방금 쓴 문장에는 '우리/한글/도/낱말/들/이/모여서/문장/을/이루어요.' 이렇게 여러 개의 낱말이 모여 있어요. 그런데, 이 낱말들을 모두 붙여서 쓰고 읽으면 그 문장을 제대로 알아보기도 힘들고, 알아듣기도 힘들어요. 그래서 영어든, 중국어든, 한국어든 바르게 띄어 쓰고, 바르게 띄어 읽어야, 읽는 사람도, 듣는 사람도 잘 이해할 수 있어요.

그럼, 어떻게 띄어 읽어야 바르게 띄어 읽는 걸까요? 앞의 동시를 예로 들어 볼까요? 이 동시의 앞부분을 읽어 보아요. "놀이동 산에 가면 좋겠다고 생각했다." 이 문장에서 잘못 띄어 쓰고, 잘못 띄어 읽은 부분은 어디인가요? 그래요. '놀이동산에'라고 쓰고 읽어야 할 대목을 "놀이동 산에"라고 잘못 띄어 쓰고, 잘못 띄어 읽었어요. 그 바람에, 그 뜻이 '놀이동이라는 곳에 있는 산에 가면 좋겠다'가 되어 버렸어요. 문장의 내용이 전혀 달라졌지요? 이 문장의 바른 내용은 '놀이 기구들이 있는 놀이동산에 가서 재미있게 놀고 싶은 마음'을 표현한 것인데 말이에요.

또한, 우리말에 익숙하지 않은 사람에게 글을 너무 빠르게 읽어 주면 그 사람은 잘 알아듣기가 힘들어요. 그래서 글을 읽을 때는 적당한 빠르기로 읽어야 하고, 띄어 읽어야 하는 곳에서는 바르게 띄어 읽어야 해요. 그럼, 글을 읽을 때 띄어 읽어야 하는 곳은 어디일까요? 글을

읽을 때 띄어 읽어야 하는 곳은 '문장 부호 다음'과 '문장이 끝난 다음'이에요. 이 책의 8장에서도 말했듯이, 문장 부호인 쉼표( , ) 다음에는 조금 쉬었다가 읽어요. 그리고 마침표( . )와 물음표( ? )와 느낌표( ! ) 등의 문장 부호를 사용하여 문장을 끝낸 곳 다음에는 쉼표( , )보다 조금 더 길게 쉬었다가 다음 문장을 읽어야 해요. 그래야 듣는 사람이 그 내용을 정확하게 알아들을 수 있어요.

글을 읽거나 들을 때, 글에 어떤 내용이 담겨 있는지를 이해하는 일은 글 자체에서 알아차려야 해요. 그런데도 자칫, 잘못 띄어 읽어서 엉뚱한 내용으로 알아들으면 글을 잘못 이해하게 되어요. 그러니 글을 읽을 때는 바르게 띄어 읽어야겠어요. 그리고 글이 이야기책일 때는 실감 나게 읽을수록 읽는 사람도, 듣는 사람도 글의 내용이 머릿속에 쏙쏙 들어오기 마련이에요.

• 아래의 두 물음을 읽고
 스스로의 생각을 자유롭게 써 보아요.

1. 어제 쓴 일기에 쓴 '문장 부호'에 ∨와 ∨로 띄어 읽는 표시를 해 보세요.

2. 글을 읽을 때 잘 띄어 읽는 사람의 특징은 무엇일까요? 경험을 떠올려서 대답해 보세요.

# 14
# 겪은 일을 일기로 쓰기

겪은 일을 어떻게 말하면 좋을까요?
겪은 일을 일기로 쓰면 어떤 점이 좋을까요?
일기에는 어떤 내용을 적으면 좋을까요?
생각이나 느낌을 나타내는 표현에는
어떤 낱말들이 있을까요?
겪은 일을 말로도 해 보고,
일기로도 써 보아요.

무엇이 중요할까요

### 나는 일기장

나는 일기장.
나는 하루를 기록하는 공책.

나는 공책이어서
텅 비어 있는 책.

하루의 끝에서 나를 펼치면
나는 하얀 백지.

하루를 시작할 때처럼
나는 하얀 백지.

나의 친구는 연필.
연필은 나를 걸어 다니는 친구.

연필의 친구는 지우개.
지우개는 가끔 연필 발자국을 비질하는 친구.

나는 투명한 요술 유리 공.
무슨 일이 일어났는지 보여 주는 요술 공.

연필은 요술 공에 나타난 사진.
한 문장, 두 문장씩 찍은 사진.

나는 인화지.*
글로 찍은 사진을 나타내는 인화지.

**언제**, **어디서**, **누구와 무슨 일**이 있었는지
모두 보여 주는 나는 사진첩.

나는 엑스레이(X-ray).
연필의 가슴속까지 나타내는 흑백 일기장.

\* 인화지: 사진을 인쇄하는 매끈한 종이.

　오늘은 어제와 달랐나요? 오늘이 어제와 같았던 점은 무엇이고, 어제와 달랐던 점은 무엇인가요? 사람들은 대부분 어제와 비슷한 일상생활을 해요. 그러면서도 어제와는 다른 경험도 해요. 그래서 우리는 다른 일을 겪고 나면 주변 사람들에게 새로 경험한 일을 이야기하곤 해요. 새로운 친구를 사귀게 되는 일도, 처음 여행한 곳에서의 경험도, 처음 먹어 본 붕어빵도 이야깃거리이에요. 그런데 겪은 일을 말할 때는 먼저 새로 경험한 사실을 말하고, 자기의 생각과 느낌을 덧붙이면, 듣는 사람도 흥미를 느끼게 되어요.

　그러려면, 말하는 사람은 몇 가지 사실을 드러내야 해

요. 그 경험을 언제 했는지, 어디서 했는지, 누구와 함께 했는지, 그때 무슨 일이 있었는지를 말하는 것이 그것이에요. 그러면서, 그 경험을 하고서 어떤 생각을 했고, 어떤 느낌이 들었는지를 덧붙이면, 듣는 사람은 말하는 사람이 겪은 일도 잘 알 수 있고, 말하는 사람의 생각과 마음도 잘 느낄 수 있어요.

겪은 일을 말하는 사람은 자기의 생각과 느낌을 어떻게 표현할 수 있을까요? 그것은 항상 겪은 일과 관련되어 있어요. 그래서 생각과 느낌은 겪은 일에 대한 마음의 표현이에요. '새로 만난 친구가 먼저 말을 걸어와서 기뻤다.' '바다에서 해가 떠오르는 장면이 멋있었다.' '붕어빵 속의 따뜻한 단팥이 맛있었다.' 이렇게 자기가 생각하고 느낀 점을 솔직하고 분명하게 말하면, 듣는 사람도 그 말에 마음을 주게 되어요. 그러고 나면, 듣는 사람도 그 말에 대하여 자기의 생각과 느낌을 보태게 되어요. 그렇게 서로 주고받는 말은 마치 함께 굴린 눈덩이가 되어 마음

의 눈사람을 만들어요.

일기를 쓸 때도 마찬가지이에요. 일기는 글로 하루를 기록하는 일이에요. 그래서 일기장에는 언제, 어디서, 누구와 함께했고, 무슨 일이 일어났는지를 먼저 나타내는 게 좋아요. 그래야 나중에 그 일기를 다시 읽게 되어도 그날의 일을 잘 기억할 수 있어요. 그뿐 아니라, 그날의 경험에서 나는 어떤 생각을 했고, 어떤 느낌이 들었는지를 솔직하고 분명하게 글로 쓴다면, 하루의 일을 잘 되돌아볼 수 있어서 좋아요. 또한, 그러는 동안에 자기 자신도 되돌아볼 수 있으니, 일기를 쓰면 생각과 마음도 콩나물처럼 무럭무럭 자라나요. 그러니, 일기 쓰기는 선생님께 검사받기 위한 것이 아니라, 나를 성장시키려는 활동이에요. 일기는 나 아니면 볼 수 없는 요술 유리 공이에요. 내 생활과 내 생각과 내 마음이 비치는 요술 공이에요.

• 아래의 두 물음을 읽고
  스스로의 생각을 자유롭게 써 보아요.

1. 일기를 쓸 때 쓰지 말아야 하는 말이 있을까요?
   있다면, 그 말은 어떤 말일까요? 그리고, 그런 말을
   쓰지 말아야 할 이유는 무엇일까요?

2. 일기장에 쓸 이야기가 없을 때는 어떤 내용을 쓰면
   좋을까요?

# 15
## 상상하며 이야기 읽기

재미있는 이야기 속 인물의 말과 행동을
상상해 보았나요?
어떤 인물이 말할 때는 어떤 표정을 지었을까요?
그 인물이 어떤 행동을 할 때는
어떤 몸짓을 했을까요?
인물의 말과 행동을 상상하며
이야기를 읽어 보아요.

느끼고 표현해요

### 숲속 음악회

매일 아침 숲속에서
숲속 음악회가 열려요.

해님이 황소 등에 올라타듯
둥근 빨간 망토를 두르고 산마루에 나타나면
숲속 음악대는 연주를 시작해요.

하나둘씩 모여든 다람쥐들이
입장료로 도토리를 하나씩 냈어요.

새벽안개가 물러나며 무대를 열면
뻐꾸기가 "뻐꾹뻐꾹" 박자를 맞추어요.

참나무, 소나무 가지에서 까치들이
돌림 노래로 "깍깍" 합창해요.

기운찬 딱따구리는
나무줄기에 부리를 대고 신나게 북을 쳐요.

연못에서는 늦잠 잔 개구리가 세수하며
"개골개골" 노래해요.

나팔꽃도 잎을 벌려 나팔을 불어요.
그런데 나팔이 막혔는지 소리 나지 않아요.

베짱이는 풀잎에 앉아 바이올린을 연주해요.
베짱이의 바이올린 소리는 연두색이에요.

소금쟁이는 피아노를 쳐요.
소금쟁이가 연못 위를 달릴 때마다
하얀 물결 건반에 동심원이 그려져요.

오늘도 산들바람이 숲속 음악회에 다녀가요.
산들바람이 나뭇잎들을 흔들어 손뼉 쳐요.

　동화책이나 어린이 영화에는 여러 인물이 나와요. 동화 「알라딘과 이상한 램프」에는 주인공 알라딘과 재스민 공주와 램프의 요정 지니가 나와요. 이 동화로 만든 애니메이션 「알라딘」에도 같은 인물들이 등장해요. 알라딘은 좀도둑이었지만 모험심이 강한 멋진 청년이고, 재스민 공주는 호기심 많은 아름다운 처녀이에요. 요술 램프의 요정 지니는 세 가지 소원을 들어주는 요술쟁이이지요. 이렇게 인물들의 특징을 알 수 있는 것은 이야기 속에서 각각의 인물들이 말하고 행동하는 것을 보았기 때문이에요. 그래서 그 인물들이 이야기 속에서 어떤 일을 겪을 때, 어떤 식으로 말하고, 어떤 식으로 행동할지를 우리는 어렴풋하게 상상할 수 있어요.

그런데, 이야기 속 인물들의 말과 행동을 상상하는 일은 동화책을 읽을 때와 애니메이션을 볼 때가 달라요. 애니메이션을 볼 때는 이미 그림으로 그려진 인물들이 등장하기 때문에 인물들 각각의 생김새와 목소리와 행동이 고스란히 드러나 있어요. 그래서 애니메이션을 보는 사람이 이야기 속 인물의 말과 행동을 상상할 일은 별로 없어요. 반면에, ==이야기를 책으로 읽을 때는 글만으로 이야기를 들여다보아야 하기에 독자는 부지런히 상상하며 이야기를 만나야 해요.== 이야기 속 인물이 어떤 중요한 말을 할 때 목소리는 어땠을까, 그렇게 말하는 인물의 마음은 어땠을까, 그 말을 하고 돌아서서 걸어가는 인물의 뒷모습은 어땠을까, 그 후 그 인물은 어떻게 살았을까 하고 말이에요. 이런 식으로 독자는 이야기를 읽는 동안 이야기 속에 빠져들어 끊임없이 상상하게 되어요.

동화책 「알라딘과 이상한 램프」를 읽어 보았나요? 그랬다면, 어떤 장면이 가장 기억에 남아 있나요? 마음속

의 감동을 꺼내 볼까요? 이야기의 마지막 부분에서 알라딘이 무척 고민해요. 지니와의 약속을 지킬 것인지, 재스민과의 사랑을 지킬 것인지를 선택해야 했기 때문이에요. 결국, 알라딘은 지니와의 약속을 지키기로 마음먹어요. 그래서 알라딘은 지니에게 자기의 마지막 소원을 빌어요. "지니, 넌 이제 자유야!"라고요. 그때 알라딘 마음은 어땠을까요? 지니에게 자유를 주겠다는 약속을 지키며 힘껏 말할 때 알라딘의 눈빛은 어땠을까요? 알라딘의 착한 마음에 지니도 감동하여 이야기의 끝에서는 알라딘도, 재스민도, 지니도 모두가 행복해져요. 이처럼, 이야기를 책으로 읽으면, 독자가 상상하기에 따라 애니메이션이 보여 주는 멋진 영상보다도 더욱 진한 감동을 할 수 있어요. 그리고 그 느낌은 오래도록 독자의 마음속에 간직되어요. 그것이 책이 주는 선물이에요.

- 아래의 두 물음을 읽고 스스로의 생각을 자유롭게 써 보아요.

1. 이야기책을 읽으며 이야기 속 인물의 말이나 행동이나 마음을 상상해 보았나요? 그랬다면, 그중 하나만 써 보세요.

2. 같은 이야기를 애니메이션으로 볼 때와 동화책으로 볼 때의 차이점이 무엇인지 써 보세요.

# 찾아보기

**ㄱ**

겪은 일  93, 95, 121, 125~126
관찰  109, 111
그림일기  89~95
기본 모음자  23

**ㄴ**

느낌표  59, 62~63, 119

**ㄷ**

띄어 읽기  57, 113

**ㅁ**

마침표  59, 62~63, 119
문장 부호  73, 77~78, 151
물음표  75, 77~79, 151

**ㅂ**

받침이 있는 글자  25~32

**ㅅ**

상상  110~111, 129, 133~136
쉼표  59, 61~63, 119
쌍기역  37, 66, 72
쌍디귿  37
쌍받침  65~70
쌍시옷  37, 66, 72
쌍 자음자  33, 37~40

**ㅇ**

인사  49~56

**ㅎ**

흉내 내는 말  38, 40, 73, 78~80

**로로로 초등 국어 1학년**
동시로 생각하고, 수필로 이해하고, 문제로 논술하는

초판 발행일 2020년 3월 31일
3쇄 발행일 2023년 3월 3일
개정판 발행일 2024년 12월 13일

지은이 윤병무
그린이 이철형
디자인 씨디자인: 조혁준 기경란

펴낸곳 국수
등록번호 제2018-000158호
주소 경기도 고양시 일산동구 진밭로 36-124
전화 (031) 908-9293
팩스 (031) 8056-9294
전자우편 songwriter@kuksu.kr

© 윤병무, 2020, Printed in Goyangsi, Korea

ISBN 979-11-90499-06-4  74810
ISBN 979-11-90499-05-7 (세트)

- 책값은 뒤표지에 쓰여 있습니다.
- 이 책의 저작권은 저자에게, 판권은 국수에 있습니다.
- 이 책 내용의 전부는 물론 일부라도 재사용하려면 반드시 '국수'의 동의를 얻어야 합니다.
- 잘못 만들어진 책은 구입하신 서점에서 교환해드립니다.

이 도서의 국립중앙도서관 출판예정도서목록(CIP)은 서지정보유통지원시스템 홈페이지(http://seoji.nl.go.kr)와 국가자료공동목록시스템(http://www.nl.go.kr/kolisnet)에서 이용하실 수 있습니다. (CIP제어번호: CIP2020009895)

종이에 손을 베지 않도록 주의하세요.
책 모서리에 다칠 수 있으니 책을 던지지 마세요.